LAROUSSE s'engage pour l'environnement en réduisant l'empreinte carbone de ses livres. Celle de cet exemplaire est de : 250 g éq. CO_2
Rendez-vous sur
www.larousse-durable.fr

PAPIER À BASE DE
FIBRES CERTIFIÉES

Direction de la publication :
Isabelle Jeuge-Maynart et Ghislaine Stora
Direction éditoriale : **Catherine Delprat**
Responsable d'édition : **Bethsabée Blumel**
Mise en page : **Nord Compo**
Lecture-correction : **Nord Compo**
Illustrations : **Thinkstock et Shutterstock**
Couverture : **Anna Bardon**
Fabrication : **Geneviève Wittmann**
ISBN 978-2-03-592493-3
© Larousse, Paris 2016

Toute reproduction ou représentation, intégrale ou partielle, par quelque procédé que ce soit, du texte contenu dans le présent ouvrage, et qui est la propriété de l'éditeur est strictement interdite.

Achevé d'imprimer en Espagne par UNIGRAF SL
Dépôt légal : mars 2016
317260/05 - 11036338 - juin 2017

LES MINI LAROUSSE

Les 50 règles d'or
de l'Éducation positive

Bénédicte Péribère
Solenne Roland-Riché

21 rue du Montparnasse 75283 Paris Cedex 06

Sommaire

1. Oubliez le mythe du **parent parfait** 8
2. Bâtissez sur **leurs forces** 10
3. **Prenez conscience** qu'il est difficile d'être parents 12
4. Cultivez la **persévérance** 15
5. Développez l'**intelligence émotionnelle** de vos enfants 16
6. Quand une **pause** s'impose 19
7. Abandonnez les **idées reçues** 20
8. **Vive les longues nuits**, la sieste et le farniente... 22
9. **Montrez l'exemple** (ou en tout cas essayez) 25
10. Exprimez-leur **votre amour** 26
11. Et si vous agissiez sur **votre stress** 28
12. Créez de la **joie** 30
13. Apprenez à **mieux gérer leurs émotions** 32
14. Sortez des **luttes de pouvoir** 34
15. **Jouez**, jouez, jouez 36
16. **Vous faire du bien** leur fera du bien 38
17. Arrêtez de **répéter** 39
18. Apprenez-leur à être **maîtres des écrans** 40
19. **Ne vous prenez pas la tête** 42
20. Anticipez **les difficultés** 43
21. Cultivez **les souvenirs heureux** 44
22. Évitez les **punitions** 45
23. **Assumez** vos propres émotions 46
24. **Cherchez des solutions**, pas des coupables 47
25. **La gratitude**, les petits et les grands mercis 48

26. **Impliquez** votre enfant · 50
27. **Changez votre regard** sur l'erreur · 52
28. Sachez **les écouter** · 54
29. Donnez-vous du **temps** · 55
30. Apprenez-leur à dire **pardon** · 56
31. Sachez **poser un cadre** · 57
32. Rendez-les **responsables** et autonomes · · · · · · · · · · · · · · · 58
33. Distinguez « **caprices** » et besoins · 60
34. Soyez **disponible** · 61
35. Donnez-leur du « **pouvoir personnel** » · · · · · · · · · · · · · · · · · 62
36. Soyez **heureux** · 63
37. **Ne le jugez pas** · 64
38. **Communiquez** plus efficacement · 66
39. **Changez** d'air · 68
40. **Encouragez**, encouragez, encouragez... · · · · · · · · · · · · · · · · 69
41. **Lâchez prise !** · 70
42. Prenez le temps des **apprentissages** · · · · · · · · · · · · · · · · · · · 72
43. Soyez **créatif !** · 73
44. Vive la générosité · 74
45. Faites-leur et faites-vous **confiance** · 75
46. Méfiez-vous des **écrans** · 76
47. Crises et « caprices » : des occasions de **progresser** · · 78
48. Développez la **coopération** · 80
49. Faites-lui sentir qu'il **n'est pas seul au monde** · · · · · · · 82
50. **Soyez l'adulte** que vous avez envie d'être · · · · · · · · · · · · · 84

Pour ceux qui aiment **avancer seuls** · 86
Pour ceux qui aiment **avancer en groupe** · · · · · · · · · · · · · · · · · 88

RÈGLE 1

Oubliez le mythe du parent parfait

Il y a mille et une façons d'être un bon parent : selon votre tempérament, celui de vos enfants, vos valeurs, votre environnement...

Alors détendez-vous. Commencez par regarder tout ce que vous faites de bien : les câlins du matin, les soirées télé ensemble, le petit bout de chemin pour aller à l'école...

LE NÉCESSAIRE LÂCHER-PRISE

Souvent les parents craignent de passer à côté d'une solution miracle. Rassurez-vous, cette solution n'existe pas : ce qui marche avec l'aîné n'aide pas le second, ce qui fonctionne en hiver ne les aide plus au printemps. Ainsi va la vie de parents.

En arrêtant de courir après la perfection, en s'autorisant quotidiennement des erreurs, bref, en abandonnant définitivement le mythe du parent parfait, nous serons libérés d'une pression énorme que nous imposons à nous-mêmes comme à nos enfants. Nos liens seront renforcés, notre connexion plus forte, les enfants moins stressés et l'ambiance familiale plus sereine.

SE TROMPER SANS CULPABILISER

Rencontrer des difficultés, faire des erreurs ne vous empêcheront jamais d'être un parent formidable. Au contraire, un « superparent » est celui qui fait des tas d'erreurs (comme nous tous), les assume, réessaie encore et toujours pour être un peu plus chaque jour le parent et l'adulte qu'il a envie d'être.

La compassion pour soi dans ces moments-là est essentielle pour avancer avec sérénité sur le chemin de la parentalité, comme nous le dit si bien le psychiatre Christophe André.

« Le succès, c'est de tomber sept fois et de se relever huit. »
Proverbe chinois

RÈGLE 2

Bâtissez sur leurs forces

L'envie du meilleur pour nos enfants, la peur qu'ils n'y arrivent pas, nous poussent à les corriger inlassablement au risque de les décourager.

En France, enseignants comme parents pensent que pour progresser, il est indispensable de souligner les difficultés des enfants. Les parents obtiennent alors souvent l'opposé de ce qu'ils souhaitent vraiment. Faites l'inverse, partez de leurs forces.

COMMENT ?

Prenez le temps d'observer votre enfant même dans les moments difficiles et de repérer ce qu'il fait de bien. Par exemple, derrière un enfant qui n'en fait qu'à sa tête, il y a de l'indépendance, de l'autonomie, de l'esprit critique. Ce changement de regard lui offrira une jolie porte d'entrée vers la confiance en lui. Il apprendra à utiliser ses qualités pour se dépasser et combattre ses difficultés.

- Trouvez des activités où votre enfant excelle même si celles-ci ne vous font pas rêver. Laissez-le, par exemple, tout connaître sur les dinosaures ou devenir un pro du jeu vidéo *Minecraft*.
- N'hésitez pas à décomposer une lourde tâche en de multiples petites étapes. « Je vois qu'écrire proprement t'est difficile, peux-tu faire cette semaine un effort sur uniquement l'écriture de ton agenda ? » Un petit succès est préférable à un gros échec.
- Expliquez-lui concrètement pourquoi une force peut être utile pour lui ET pour les autres : **« Tu es gentil » devient « Ta gentillesse a contribué au succès de la fête ».** Ne craignez pas qu'il devienne orgueilleux ; les orgueilleux manquent souvent de confiance en eux. Or c'est précisément ce que vous voulez inculquer à votre enfant.

NOTRE CONSEIL

Positivez ! Apprenez à vos enfants à identifier et à utiliser leurs forces pour progresser et dépasser les difficultés du quotidien.

RÈGLE 3

Prenez conscience qu'il est difficile d'être parents

Percevez les contraintes de la vie de parents différemment pour mieux les gérer !

Si vous êtes parent d'enfants de 1 à 5 ans ou d'adolescents, les statistiques montrent que vous êtes probablement… moins heureux que la moyenne. **Vos angoisses, vos doutes, votre fatigue sont donc NORMAUX !** Vous avez même le droit de ne pas aimer le métier de parent. Vous ne seriez pas le seul. Arrêtez de culpabiliser. Cela ne signifie en aucun cas que vous n'aimez pas vos enfants.

FINIE, L'INSOUCIANCE DE VOS 20 ANS !

Être parent, c'est troquer l'efficacité et la recherche de plaisir immédiat contre la satisfaction du long terme. Cela n'exclut pas des bouffées de bonheur ici et là : notre ado qui nous serre dans ses bras, notre bébé qui nous dévore du regard… Néanmoins, le mercredi à 20 heures, la journée qui vient de s'écouler avec nos enfants ressemble rarement à celle qu'on avait imaginée le matin de bonne heure. Être parent, c'est se confronter non pas à une mais à de multiples difficultés. Dans la vie d'un parent, un obstacle surmonté fait rapidement place à une nouvelle difficulté.

« Que trouverons-nous derrière la montagne ? s'interrogeait Nelson Mandela. D'autres montagnes ! » Les parents, comme lui, quand ils auront réussi à franchir une montagne (surmonter une difficulté), trouveront d'autres défis sur le chemin de la parentalité. Ainsi va la vie de parents !

En devenant parent, vous avez choisi cette route, belle ET difficile, semée de nuits blanches, de décollages parfois hystériques le matin comme de grasses matinées annulées.

REMPLACER « JE DOIS » PAR « JE CHOISIS »

La meilleure façon de s'affranchir des contraintes du quotidien reste encore de les percevoir comme un choix, comme une expression de votre propre liberté.

Rappelez-vous les motivations profondes qui vous poussent à agir, vous changerez de regard sur vos contraintes et n'en serez que plus apaisé. Non, vous n'êtes pas obligé de faire les devoirs avec votre enfant ou de l'amener à 18 heures chez Anna pour son anniversaire. Vous choisissez de le faire, d'autres parents feront autrement.

EXERCEZ-VOUS À EXPRIMER UN CHOIX

- Remplacez « Je dois faire cuire les carottes et éplucher la salade » par « Je choisis de préparer un repas fait maison car, pour moi, c'est important qu'ils mangent bio ».
- Troquez « Je dois ranger sa chambre » par « Je choisis de ranger sa chambre car, pour moi, l'ordre est une priorité ».

Cultivez la persévérance

RÈGLE 4

Voici quelques pistes à explorer pour développer l'une des compétences les plus essentielles.

• Faites prendre conscience à votre enfant que **le cerveau se muscle.** Une gymnastique cérébrale **régulière** se voit sur une IRM !
• **Répétez-lui qu'il ne perd pas son temps en s'acharnant sur des choses apparemment sans intérêt.** Toute victoire est l'aboutissement d'un entraînement fastidieux. Malcolm Gladwell, un journaliste américain, parle même des « 10 000 heures nécessaires » à toute réussite : celle de son champion de tennis préféré comme celle de sa pop star adulée...
• **Utilisez sans modération le petit mot « ENCORE ».** Ce terme présente l'avantage de ne pas fermer le champ des possibles. Faire dire à l'enfant : « Je n'ai pas encore réussi » plutôt que « Je n'ai pas réussi » n'a pas du tout la même résonance. La 1re phrase sous-entend qu'il réussira un jour ou l'autre.

RÈGLE 5

Développez l'intelligence émotionnelle de vos enfants

Quotient émotionnel (QE), *softskills*, compétences psychosociales (CPS) englobent un large éventail de qualités : empathie, capacité à s'adapter, à gérer ses émotions, à rentrer en coopération, confiance en soi, etc.

Alors que les Anglo-Saxons savent depuis longtemps que ce type de compétences est plus déterminant que le quotient intellectuel (QI) pour assurer le « succès » scolaire et social des enfants, leur importance commence à peine à être reconnue en France. Pourtant, un QI élevé sans aucune persévérance ni capacité à s'autoréguler permettra difficilement à l'enfant de réussir ses études.

L'INTELLIGENCE ÉMOTIONNELLE S'APPREND

Une bonne nouvelle : ces compétences s'enseignent quel que soit l'âge. L'éducation positive a comme objectif d'aider les enfants à acquérir ces compétences de vie. À chaque compétence **manquante** correspondent différents outils. Il ne vous reste plus qu'à les découvrir et à piocher celui qui convient.

COMMENT FAIRE EN PRATIQUE

Thomas, 9 ans, interrompt chaque jour ses devoirs pour faire un tour sur ses écrans. C'est une source quotidienne de conflits avec sa mère.

Exemples de stratégies à mettre en place

1 - Identifier

La maman de Thomas identifie la compétence manquante. En l'occurrence, ici, son incapacité à gérer sa frustration (renoncer aux écrans).

2 - Explorer

À un moment où parent et enfant sont détendus, ils réfléchissent ensemble à des stratégies pour aider Thomas à ne pas céder à la tentation des écrans. Il s'agit véritablement de lister des options que l'enfant peut choisir librement. Il est recommandé de les mettre par écrit pour éviter discussions et quiproquos.

- Thomas peut déplacer l'objet de la tentation (son téléphone) dans une autre pièce ou changer de pièce.
- Il peut aussi cacher l'objet hors de sa vue (sous sa couette, dans un tiroir, etc.).
- Il peut imaginer que le téléphone portable est un poulpe qui va lui baver dans l'oreille (ici, il s'appuie sur une de ses forces : l'imagination).
- Si Thomas est un adolescent capable de pensée abstraite, il peut pratiquer ce que l'on appelle une « mise à distance » : (Je) suis Thomas, je me vois avoir très envie de m'emparer de mon portable, je me vois aussi résister à cette tentation, j'en ai la capacité.

3 - **Entraîner**

La maman de Thomas l'encourage à utiliser ces options dans les semaines suivantes sans élever la voix. Si la liste a été mise par écrit, elle n'aura qu'à la pointer du doigt, par exemple.

Quand une pause s'impose

Dans un monde où tout va vite, l'impatience et l'irritabilité sont souvent d'actualité à la maison. Or il est important de savoir surmonter ses émotions pour éviter de perdre son calme et mieux vivre son quotidien.

COMMENT FAIRE ?

Prenez quelques secondes (ouvrir la fenêtre et inspirer profondément, compter lentement jusqu'à 20) ou même dix minutes (un chocolat chaud, un thé glacé, une douche...). **C'est ce que Jane Nelsen, fondatrice de la discipline positive, appelle le TEMPS DE PAUSE POSITIF.** À vous de choisir ce qui va vous aider à vous recentrer et à garder le contrôle de vous-même. **Et surtout :** vos enfants apprendront en vous imitant quand ils sont énervés. Vous trouverez de nombreux outils et astuces sur le site characterlab.com pour le temps de pause et l'autorégulation.

RÈGLE 7

Abandonnez les idées reçues

De nombreux préjugés circulent sur l'éducation positive. Stop aux idées reçues !

- **La parentalité positive n'est pas un concept marketing** qui ne veut rien dire. C'est une démarche complète considérée par le Conseil de l'Europe comme l'approche la plus à même de respecter les droits de l'enfant.
- **L'éducation positive n'est pas une éducation permissive.** Vous posez vos attentes, vos limites, clairement. Les enfants NE FONT PAS tout ce qu'ils veulent.
- **L'éducation positive n'est pas un courant récent** ni une mode passagère.

PETITE HISTOIRE DE L'ÉDUCATION POSITIVE

Des précurseurs comme Alfred Adler (1870-1937), médecin autrichien et fondateur de la psychologie individuelle, posent ses fondements. Ils mettent le respect mutuel, la coopération et l'encouragement au cœur de l'éducation. De nombreuses idées vont être développées au XXe siècle sur le terrain et expérimentées avec succès dans les écoles alternatives comme celles de Montessori, Freinet, Don Bosco...

Dans les années 1990, tout s'accélère avec la psychologie positive. Elle démontre scientifiquement le lien entre optimisme/encouragement/intelligence émotionnelle et performance/épanouissement de l'enfant. **Ainsi, les découvertes des neurosciences donnent raison à tous ces penseurs, chercheurs et éducateurs.**

En 2012, l'association Discipline positive est créée en France par Béatrice Sabaté, psychologue clinicienne au moment même où une explosion d'articles, de livres, d'ateliers parents a lieu comme autant d'échos à des décennies de travaux dans le monde anglo-saxon.

La démarche et les outils de l'éducation positive sont enfin accessibles en français.

RÈGLE 8

Vive les longues nuits, la sieste et le farniente...

Sieste et rêverie (pour eux ET pour nous), deux alliées majeures **pour développer notre intelligence.**

Nous avons, en effet, deux types d'intelligence :
• l'une à l'œuvre quand nous sommes concentrés ;
• l'autre active quand le cerveau vagabonde (rêverie, ennui, sieste, balade...).

Cette dernière intelligence (dite « diffuse »), qui est liée à cet état de délassement, nous permet d'établir des connexions, de prendre de la hauteur, de trouver des solutions innovantes dans des situations de blocage.

LES BIENFAITS DE L'INTELLIGENCE DIFFUSE
• **Sieste et rêverie aiguisent notre jugement.** Elles nous permettent d'adopter de meilleures attitudes face

aux défis du quotidien, en boostant notre créativité.
• **Elles rendent plus efficace et durable** l'apprentissage académique de nos enfants.
• La sieste augmente aussi notre bonne humeur et celle de nos enfants par ricochet en libérant de la sérotonine. Les études montrent qu'une sieste de quinze minutes est excellente pour la mémoire, la santé et la patience : trois qualités importantes pour être un parent efficace et bienveillant.
• Et contrairement aux idées reçues, **la sieste aide à mieux dormir la nuit** en nous permettant d'éliminer des tensions. Vingt minutes de sieste suffisent à compenser une ou deux heures de sommeil en moins. Or les parents ne manquent-ils pas justement d'heures de sommeil ?

BIEN DORMIR LA NUIT
S'APPREND DÈS L'ENFANCE

• **Aidez votre enfant à détecter les SIGNES de son cycle de sommeil :** bâillement, yeux qui démangent, envie de dormir tout simplement... Cela vous évitera d'attendre quatre-vingt-dix minutes, le début du cycle suivant.
• **Cocréez un CADRE propice au calme :** couleur pastel dans la chambre, absence de jeux vidéo

qui excitent, d'iPad® ou de Kindle® qui bloquent la sécrétion d'hormones du sommeil.

• **Mettez en place des RITUELS.** Sébastien, papa de jumeaux de 4 ans, Léo et Nathan, a une routine bien établie avant de s'endormir : trois grandes inspirations devant la fenêtre ouverte, un temps à deux d'histoire, un verre d'eau (pas deux) puis un bisou.

• **Misez tout sur la RÉGULARITÉ de l'heure du coucher.** À 3 ans, elle serait un indicateur de la réussite scolaire quelques années plus tard. Par ailleurs, si elle est toujours la même, les interminables négociations avec votre enfant disparaissent rapidement. Il est gagnant et vous aussi.

Alors vive les siestes et le farniente l'été, et dès que vous pouvez tout au long de l'année ! C'est tout sauf du temps gâché !

Montrez l'exemple (ou en tout cas essayez)

« La seule manière intelligente d'éduquer consiste à être soi-même un exemple »,
Albert Einstein.

Dès son plus jeune âge, l'enfant observe le comportement des adultes dans les moindres détails et le reproduit. **C'est l'apprentissage par l'imitation qui s'explique par la présence de neurones miroirs dans son cerveau.**

Ainsi, si vous dites des gros mots, ne soyez pas étonnés d'en entendre dans la bouche de votre fille de 4 ans. Si vous consultez votre portable tout en lui parlant, il est fort probable que votre adolescent fasse la même chose.

Exprimez-leur votre amour

RÈGLE 10

On a souvent tendance à câliner nos tout-petits, mais quand ils grandissent nos marques d'affection diminuent parfois.

Au quotidien, on les presse, on les gronde, on parle beaucoup des notes… Et si, face à cette attitude, notre enfant doutait de notre amour ?

COMMENT LUI MONTRER QU'IL EST IMPORTANT POUR VOUS ?

- Dites-lui plus souvent « JE T'AIME ».
- **Quand le lui dire ?** Pas seulement quand il part à l'école, mais aussi quand vous le croisez dans un couloir, quand il commence à s'agiter, et même quand il fait une bêtise. Comme le dit la psychologue Isabelle Filliozat : « L'amour n'est pas une récompense, c'est un carburant. »
- **Osez des petits gestes tendres au quotidien,** vous remplirez son « réservoir d'amour » : un regard, une main dans les cheveux, son plat préféré…

Soyez créatif ! Trouvez ce qui vous ressemble.
- **Écrivez-lui votre amour.** Une lettre lors d'une grande occasion ou un simple post-it à coller sur son agenda ou sur son bureau.
- **N'oubliez pas que l'amour, c'est aussi votre présence.** Par exemple, prenez parfois deux heures pour aller le voir jouer au foot ou pour accompagner sa classe à sa sortie théâtre. Au quotidien, réservez si possible cinq minutes par jour avec chacun de vos enfants, en tête à tête, en cœur à cœur, sans sollicitation extérieure.

EXERCICE

Dans la semaine qui vient :
- remarquez chaque fois qu'une critique vous vient à l'esprit ;
- ne la formulez pas et dites simplement à votre enfant « Je t'aime ». Constatez le résultat.

N'OUBLIEZ PAS

Aimez-vous. Votre vie sera plus facile et vous l'inciterez, par l'exemplarité, à s'aimer lui-même.

RÈGLE 11

Et si vous agissiez sur votre stress

Il est primordial de le limiter ou de le contrôler.

En effet, équipés de neurones miroirs, découverts dans les années 1990 par l'équipe du Pr Giacomo Rizzolatti, nos enfants captent instantanément notre stress. Comment le diminuer ?

L'ALIMENTATION

- Limitez le café.
- Faites une cure de magnésium en hiver et donnez-en à vos enfants. Il atténue l'irritabilité et la fatigue.
- Mangez moins sucré pour éviter les pics d'insuline et les chutes d'énergie qui s'en suivent. Ou prévoyez un léger en-cas : amandes, œuf dur...

LA MÉDITATION

L'en-cas peut devenir un exercice de pleine conscience, concentrez-vous sur l'aliment : sa texture, son goût, la sensation procurée...
- Pratiquez le yoga chez vous ou prenez des cours.

- Méditez.
- Utilisez l'imagerie mentale : assis confortablement, visualisez un joli coucher de soleil, un souvenir heureux, des vacances... Des études montrent que « la visualisation positive » suscite une réaction de détente.

FAITES-VOUS PLAISIR

1. Faites du sport. C'est facile : vous pouvez même rester chez vous et vous laisser guider pendant sept minutes par une application sur votre smartphone.

2. Prenez plaisir à regarder dormir votre enfant ou à regarder une photo de lui bébé, souriant aux anges. C'est tellement apaisant même si, en ce moment, il vous casse les pieds.

3. Faites-vous du bien... un mini carré de chocolat, un petit bout de fromage, un dîner entre copines. N'en abusez pas :-)

4. Offrez-vous un sas de décompression en rentrant du travail (même cinq minutes). Vous apprendrez à votre enfant à agir de même quand il rentre stressé de l'école.

En un mot, ne laissez pas les petits tracas du quotidien vous gâcher la vie.

RÈGLE 12

Créez de la joie

Le bonheur, cela se construit. N'attendons pas de célébrer de grands évènements et créons des petits moments de joie au quotidien avec nos enfants.

COMMENT ?

- **Repartez à zéro chaque matin** sans ressasser les mauvais comportements de la veille.
- Faites la fête : invitez des amis. Laissez votre enfant venir avec des copains chez vous, même si cela bouscule votre organisation… Il apprendra le partage, la convivialité, l'amitié…
- Efforcez-vous, quand un début de journée ou de soirée est raté, de trouver **un moyen de retomber sur vos pieds.** Par exemple, vos amis viennent d'annuler pour le dîner, improvisez avec vos enfants un repas costumé rien que pour eux !
- **Trouvez du plaisir dans les moments simples de la semaine :** un petit déjeuner en famille, une sieste avec votre tout-petit…
- **Saisissez des opportunités du quotidien pour fabriquer des moments exceptionnels.** Par exemple, dormir en famille à la belle étoile une nuit d'été,

organiser un concours de galipettes le dimanche matin sur la couette.

• **Offrez-leur un moment rien que pour eux.** Cela peut être régulier. Adèle sort une fois par mois au cinéma en tête à tête avec Tom, son fils de 6 ans, pendant que son mari Matthieu s'offre une séance avec Inès, l'aînée de 18 ans.

Cela peut être exceptionnel. Dans la famille Zamali, le passage des dizaines est marqué par un week-end seul avec l'enfant concerné. Théo est ainsi parti, pour ses 10 ans, à Londres avec son papa. Mila a participé, pour ses 20 ans, à une course de *paddle* sur la Seine, seule avec ses parents.

EXERCICE

Commencez dès demain votre journal de bord où vous écrirez chaque jour :
• deux choses positives que votre enfant a faites ;
• un petit progrès constaté ;
• un moment heureux que vous voulez emporter avec vous.

RÈGLE 13

Apprenez à mieux gérer leurs émotions

Face à une émotion qui envahit votre enfant, vous pouvez lui enseigner différents moyens de réagir.

• **Aidez-le à identifier et comprendre ce qu'il vit.** Nommez l'émotion et cherchez son déclencheur : « Est-ce l'alarme des pompiers qui t'a fait peur ? »
• **Écoutez-le.** L'erreur récurrente des parents est de trop parler et de vouloir à tout prix donner des conseils. Pour prolonger votre capacité d'écoute : imaginez-vous tenant un énorme saladier de bronze dans lequel se déverseraient les larmes, les paroles, la colère de votre enfant. Visualisez-vous en train de le vider lorsqu'il vous semble trop chargé. Cette image aide les

[32]

parents à rester dans l'écoute sans être gagnés par l'impatience ou l'agacement...
- **Faites preuve d'empathie.** Montrez-lui que vous le comprenez, sans minimiser ni dramatiser les faits.
- **Proposez-lui des outils d'autorégulation et d'évacuation du stress** que vous lui aurez présentés dans un moment de calme : boire avec une paille, faire d'amples moulinets avec les bras, aller sauter sur un trampoline.
- **Permettez-lui d'exprimer son émotion de façon créative, constructive et appropriée.** Chez les Chave, Pierre, 6 ans, fait des dessins de tristesse ou de joie qu'il garde dans un classeur spécial. Quant à Maxime, 8 ans, quand la colère l'envahit, il déchire des journaux en utilisant son bras comme un sabre laser.

À RETENIR

Vive les larmes !!! Elles sont nos alliées.
Elles nous débarrassent des toxines et du stress.
Accueillez-les avec bienveillance.

RÈGLE 14

Sortez des luttes de pouvoir

Les luttes de pouvoir ne résolvent rien à long terme.

Les luttes de pouvoir provoquent souvent une rupture dans le lien avec votre enfant. En apprenant à les éviter, vous gagnez coopération, respect, sérénité.

COMMENT LES ÉVITER ?

• **Prévenez votre enfant de vos décisions.** Au lieu de lui dire « Allez, vite, nous partons ! », dites-lui : « Il te reste quinze minutes pour jouer, puis nous partirons. »
Vous l'encouragez et le guidez vers des choix responsables.

• **Expliquez-lui vos décisions.** « Je vois que tu as envie de rester lire ET la bibliothèque ferme. »
La génération des enfants d'aujourd'hui a davantage besoin que les consignes aient du sens.

• **Choisissez vos batailles en lui donnant du pouvoir sur des petites choses.** Laissez-le porter son pull préféré que vous détestez.

Vous respectez son opinion et vous lui apprenez ainsi à respecter la vôtre.
- **En amont des situations conflictuelles, établissez des règles précises ensemble.**

COMMENT EN SORTIR ?

- **Acceptez que vos enfants soient en conflit avec vous,** du moins occasionnellement. C'est ainsi qu'ils apprennent à devenir indépendants, à construire leur autonomie. Soyez vigilant uniquement s'ils cherchent à contrôler TOUTES les situations.
- **Ne réagissez pas à chaud** lorsque votre enfant ne coopère pas. Laissez-vous un moment pour retrouver votre calme. Vous trouverez ensemble plus tard une solution pour éviter la répétition de la même situation.
- **Appliquez les règles définies ensemble,** sans prononcer un mot, avec un large sourire.

> **NOTRE CONSEIL**
> Soyez patient, tous les conflits ne disparaîtront pas du jour au lendemain mais vous serez plus efficace et serein.

RÈGLE 15

Jouez, jouez, jouez

Peu d'activités présentent autant d'avantages.

Le jeu permet à l'enfant de mettre en scène ses émotions afin de mieux les comprendre. Rejouer la dispute de la veille avec les peluches ou les poupées permet à votre enfant de mieux la « digérer ».

Avec certains enfants, le jeu peut être utilisé pour débloquer une situation. Proposez-lui de se mettre en pyjama en trente secondes chrono, chaussons compris.

LES VERTUS ÉDUCATIVES ET RELATIONNELLES DU JEU

Le jeu est créateur de liens. Le psychiatre Edward Hallowell affirme qu'une famille parfaite n'est pas une famille sans conflit mais une famille connectée. Oui, vos enfants se sont disputés au déjeuner et pourtant, à peine une heure plus tard, ils se retrouvent ensemble pour jouer à la Wii.

Le jeu est aussi un moyen de lutter contre d'éventuelles difficultés relationnelles de votre enfant (notamment en cas de harcèlement).

Vous allez l'entraîner à interagir de façon constructive avec les autres.

Par exemple :
- Félicitez les joueurs qui marquent des points d'un « bien joué, bravo ! »
- Serrez la main aux adversaires en fin de partie.
- Rappelez à votre enfant que les règles ne peuvent pas être changées une fois la partie commencée.
- Arrêtez le jeu avec douceur et bienveillance dès que la mauvaise humeur pointe son nez.
- Montrez-lui comment perdre avec le sourire.

Bref, incarnez le fair-play.

Nul besoin de vous lancer dans un interminable Monopoly si vous détestez. Une courte partie de ping-pong improvisée sur la table de la salle à manger fera l'affaire. Les différents types de jeux se déclinent à l'infini. À vous de choisir les vôtres.

À RETENIR

Sachez que jouer cinq minutes avec votre enfant le matin avant de partir à l'école augmente sa capacité à gérer frustrations et efforts de la journée.

RÈGLE 16

Vous faire du bien leur fera du bien

Qui a le plus de chance d'être efficace avec ses enfants ? Un parent épuisé ou un parent ressourcé ?

- **Soyez attentif aux signaux d'alerte de votre corps** et réservez-vous du temps dans la journée pour vous hydrater, dormir cinq minutes, rire…
- **Faites preuve de douceur et d'indulgence envers vous-même.** Chaque semaine, prenez l'habitude de bloquer du temps (sans culpabiliser) pour vous ressourcer : vous faire masser, être seul, écrire sur votre blog, aller au ciné, courir…
- **Entraînez-vous à la pleine conscience :** trois minutes pour vous centrer sur votre respiration, quinze minutes pour suivre une méditation guidée sur votre ordinateur.
- Et n'oubliez pas le proverbe populaire : « Qui veut aller loin ménage sa monture ».

Parents, prenez soin de vous !

[38]

Arrêtez de répéter

RÈGLE 17

Qui n'a jamais dit « Ça fait dix fois
que je te demande de venir à table » ?

Pourquoi est-ce important de ne pas répéter ?
- Par respect envers soi.
- Pour garder votre énergie.
- Par respect envers vos enfants. En effet, qu'est-ce qui nous vient à l'esprit quand notre chef nous répète cinq fois une instruction : la gratitude ou le mépris ? La confiance en soi ou l'impression qu'il nous prend pour un abruti ? Pourquoi en serait-il autrement avec nos enfants ?

Deux astuces pour vous aider :
1. Avant de lui demander de passer à table, déplacez-vous, regardez-le dans les yeux et chuchotez votre « exigence ».
2. Utilisez la communication non verbale : par exemple, pointez l'horloge et les jouets à ramasser.

Vous verrez à quel point c'est efficace et reposant.

RÈGLE 18

Apprenez-leur à être maîtres des écrans

Les écrans sont, comme l'argent, de bons serviteurs mais de mauvais maîtres. Encadrer l'utilisation des écrans est donc essentiel.

Choisir le contenu, poser des limites et s'y tenir, s'assurer que les écrans ne remplacent pas des activités indispensables au développement de l'enfant (le jeu libre, l'activité physique ou les interactions sociales) sont des rôles qui vous appartiennent à vous, parents.

Sachez que c'est une mission difficile, contraignante mais fondamentale. Vous en serez récompensé dans quelques années.

COMMENT FAIRE ?

• **Décidez avec votre enfant des moments précis où il peut utiliser les écrans.** Évitez le « un peu tout le temps ».

Dans une fratrie, chaque enfant est unique. Adaptez-vous à eux. Beaucoup de jeux sont adrénergiques (stressants) et éventuellement excitants. Si un de vos enfants se montre déjà « nerveux », agité, limitez davantage son usage des écrans.

• **Ne placez pas l'ordinateur dans sa chambre mais plutôt là où il y a du passage.** Vous comptabiliserez plus facilement le temps d'utilisation et vous pourrez échanger sur le contenu visionné.

• **Prenez conscience des subtilités de ce sujet sensible.** Par exemple, regarder un film en famille (même un peu violent) n'a pas le même impact que laisser seul votre enfant devant le même film.

• **Instaurez parfois avec vos enfants des moments sans écran.** En échange, vous pourrez planifier des activités amusantes et originales. Vous constaterez que les vacances où les enfants sont le plus connectés à leur famille et à l'environnement sont celles où ils sont justement tous « déconnectés ».

RÈGLE 19

Ne vous prenez pas la tête

Quelques idées pour vous faciliter la vie.

1. **Identifiez les tâches** où temps et énergie peuvent être économisés sans que vos valeurs fondamentales ne soient écornées. Simon, papa de Zoé et Léa, est ainsi passé aux légumes congelés : autant de vitamines, moins de temps passé sur le marché et à l'épluchage. Il gagne deux heures par semaine qu'il passe à jouer avec ses filles.
2. **Inutile de rajouter fatigue,** stress et trajets supplémentaires pour une énième activité extrascolaire. Une ou deux suffisent largement à l'épanouissement de votre enfant.
3. **Détachez-vous du regard des autres.** Il rajoute une pression inutile. Choisissez ce qui est juste pour vous. Qu'importe ce qu'en pensent vos voisins ou votre belle-mère. **Vive la poussière sur les radiateurs et place à la bonne humeur !**

Anticipez les difficultés

RÈGLE 20

Nous rencontrons parfois des problèmes que nous avons nous-mêmes créés.

Tout au long de l'année :
- **Assurez-vous que ce que vous exigez** correspond à l'âge de développement de votre enfant. Difficile de demander à un petit de 5 ans de rester assis tranquillement des heures dans un train. Prévoyez donc un plan B : livres, coloriages, etc.
- **Soyez juste.** Il est normal qu'un enfant de 8 ans qu'on a laissé veiller tard « chouine » le lendemain. Ne le grondez pas. Son besoin physiologique de sommeil n'a pas été respecté.

Au moment des rentrées :
- Prévoyez de revenir plus tôt à la maison. Une ou deux journées sont nécessaires pour remettre en place routines, règles et accords. C'est la condition pour éviter bien des comportements que vous jugerez inadaptés chez vos enfants.

RÈGLE 21

Cultivez les souvenirs heureux

Apprendre à trouver le positif dans chaque situation et à le chérir est un talent qu'il nous faut cultiver chez nos enfants.

- **Racontez-lui souvent son histoire :** la rencontre de ses parents, sa naissance…
- **Prenez le temps chaque soir d'identifier deux moments qu'il a aimés dans sa journée.** Expliquez-lui qu'il pourra les évoquer s'il fait un cauchemar ou quand il rencontrera une difficulté. Laissez-le imaginer que sa vie est comme une maison en briques qu'il construit avec les souvenirs heureux qu'il choisit.
- **Vous pouvez créer un pêle-mêle des temps forts de l'année écoulée** que vous affichez dans sa chambre ou dans la cuisine.
- **Démarrez une collection de souvenirs communs :** coquillages des plages explorées, cartes postales des musées visités…

Évitez les punitions

RÈGLE 22

Aucune recherche sérieuse ne montre l'efficacité sur le long terme des punitions.

Au contraire, les études soulignent à quel point **les punitions peuvent être fatales à la confiance en soi de nos enfants**. La punition provoque souvent ce que tout parent redoute : manque de motivation, perte du lien, révolte.

Sachez que les violences éducatives (physiques, verbales ou « simplement » émotionnelles) laissent une trace sur une IRM cérébrale. Certaines zones du cerveau sont alors insuffisamment développées, notamment celle permettant de réguler les émotions.

L'objectif de l'éducation positive n'est pas de supprimer la punition mais de la rendre inutile en privilégiant, quand c'est possible, des alternatives plus efficaces sur le long terme.

[45]

RÈGLE 23

Assumez vos propres émotions

« Si vous voulez être libre de vos émotions, il faut avoir la connaissance réelle, immédiate de vos émotions », Arnaud Desjardins.

Dans notre culture, nous avons souvent honte d'avoir peur ou d'être en colère.
• Autorisez-vous à dire : « Je suis furieux et humilié quand on me parle sur ce ton. »

Une émotion n'est ni bien, ni mal, elle EST. En revanche, la façon dont vous allez l'accueillir et la gérer vous apaisera ou non, contribuera ou non à trouver une solution aidante. **Il est donc important de savoir identifier ses émotions** et d'en prendre la responsabilité.
• **Ne dites plus « TU me parles mal » mais « JE suis en colère quand** j'écoute ta version des faits ». **En utilisant le JE,** vous permettez à l'enfant d'entendre votre point de vue sans qu'il ne se sente jugé.

Cherchez des solutions, pas des coupables

RÈGLE 24

Seules des solutions, qui satisferont le parent comme l'enfant, fonctionneront sur le LONG TERME.

- **Votre enfant et ses demandes sont donc à prendre au sérieux.** Si vous le prenez de haut, il risque de se braquer ou de perdre confiance en lui.
- **Exprimez vos besoins, votre ressenti et vos limites** avec des messages en « JE » plutôt qu'avec des messages accusateurs en « TU ».
- **Apprenez-lui que la résolution de problèmes ne se fait pas dans la lutte de pouvoir.** Focalisez-vous sur le futur et les solutions : méthode gagnant-gagnant de Thomas Gordon.
- **Et pourquoi ne pas approfondir le sujet en lisant** *Parler pour que les enfants écoutent, écouter pour que les enfants parlent* d'A. Faber et E. Mazlish ?

RÈGLE 25

La gratitude, les petits et les grands mercis

Nous nous méfions de la gratitude bien que nous reconnaissions qu'elle est essentielle.

En effet, nous craignons ses effets secondaires : et si les chevilles de nos enfants enflaient ? Pourtant, les enfants souvent remerciés ne prennent pas la grosse tête mais, au contraire, développent confiance en eux, fierté de contribuer par des petits gestes au bien-être d'autrui et capacité à coopérer.

IL EXISTE DE NOMBREUSES FAÇONS D'ENSEIGNER LA GRATITUDE À NOS ENFANTS

1. Soyez un modèle. Dites souvent merci à votre conjoint comme à votre entourage : le livreur, le facteur, le voisin, l'animatrice du centre de loisirs. Vous pointez ainsi à vos enfants tous les gestes que font les autres pour vous. Certes, c'est leur métier, mais ce n'est en aucun cas un « dû ». Cette prise de conscience est indispensable à la véritable gratitude.

2. Dites merci à vos enfants chaque fois qu'ils vous facilitent la vie, qu'il s'agisse de services exceptionnels ou de tâches élémentaires comme mettre la table quand c'est leur tour.

3. Commencez votre journée par un merci (par mail, par sms, ou simplement oralement…).

La psychologie positive recense l'expression de la gratitude comme une des caractéristiques communes aux gens heureux.

4. N'hésitez pas, au détour de votre chemin, à prendre quelques instants devant un beau paysage, une lumière dans les arbres. **Laissez la beauté vous envahir, la gratitude vous inonder.**

Les neurosciences montrent que la décharge hormonale qui se produit à cet instant-là dans votre corps vous rend en meilleure santé, vous aide à gérer votre stress. Elle augmente vos capacités à apprendre comme à réagir face aux difficultés.

Alors pourquoi s'en priver ?

[49]

RÈGLE 26

Impliquez votre enfant

L'enfant devient ainsi acteur du changement.

Impliquer les enfants dans l'élaboration des décisions familiales est important. Cela augmente leur adhésion aux règles établies, diminue les luttes de pouvoir et développe leur sens des responsabilités.

Benjamin Franklin disait : « Tu me dis, j'oublie. Tu m'enseignes, je me souviens. Tu m'impliques, j'apprends. »

POURQUOI ET COMMENT ?

• **Faites participer votre enfant à la résolution des conflits.** Il développe ainsi sa créativité, sa capacité de raisonnement et de déduction. Il se sent pris au sérieux.

• **Impliquer votre enfant vous rapproche de lui.** L'irritabilité laisse place à la tendresse et à la complicité. C'est aussi un bon moyen de lui apprendre à être attentif aux besoins des autres.

- **N'oubliez pas de prendre en considération son âge de développement** ainsi que le temps dont il dispose. C'est la condition pour qu'impliquer soit structurant.
- **En participant aux tâches ménagères, l'enfant se sent acteur de la vie familiale** même s'il râle ou est très lent ou bien les deux. Il contribue au bien-être collectif. C'est une très bonne chose pour lui et pour vous !
- Et pour vos grands, pourquoi ne pas lire l'ouvrage de Jane Nelsen et Lynn Lott (docteur en éducation) *la Discipline positive pour les adolescents* afin de découvrir les outils pour « atteindre le cœur avant d'atteindre la tête », la recherche de solutions et le temps d'échange en famille ?

NOTRE CONSEIL

Ne cherchez pas à trouver LA solution parfaite, à respecter 100 % des règles familiales, vous gagnerez en sérénité. L'enfant aura moins peur d'échouer. Il mettra alors son énergie à progresser.

RÈGLE 27

Changez votre regard sur l'erreur

Dans notre société obsédée par le succès, l'erreur est souvent associée à un échec qui provoque culpabilité et honte.

Daniel Favre, professeur en sciences de l'éducation, souligne à quel point cela nous paralyse et nous empêche d'apprendre. Il est donc essentiel de changer notre regard sur l'erreur.

Ceux qui acceptent de se tromper réussissent mieux que les autres. C'est prouvé ! Churchill disait déjà : « Le succès, c'est d'aller d'échec en échec avec le sourire. »

COMMENT ?

Accordez à votre enfant le droit à l'erreur. C'est seulement quand l'erreur est acceptée des deux côtés – enfants ET adultes – que tout devient possible : réflexion, apprentissage, progression, création, innovation, invention !

Et si le week-end vous preniez le temps de partager en famille l'erreur de la semaine ? Vous pourriez dire, par exemple : « J'ai encore oublié d'acheter du pain. Je vais essayer d'en congeler à l'avance. » Et l'enfant apprendra à dire : « J'ai oublié de faire mon devoir de français. La prochaine fois, je pourrais essayer de rayer dans mon agenda mes devoirs faits. »

Carol Dweck, chercheur à l'université de Stanford, insiste sur la nécessité de se concentrer sur le processus d'apprentissage plutôt que sur les performances. En courant après la perfection, vous supprimez sans même vous en rendre compte le droit à l'erreur.

Apprendre, c'est comprendre aussi pourquoi on se trompe. Aidez l'enfant à explorer ce qui s'est passé, à réfléchir en lui posant des questions : « Qu'est-ce que tu voulais faire ? Comment pourrais-tu t'y prendre la prochaine fois ? »

> ### À SAVOIR
> Jane Nelsen et Lynn Lott nous disent que l'erreur est une opportunité d'apprentissage. Ne l'oubliez jamais et répétez-le-lui souvent.

Sachez les écouter

Qui ne s'est jamais plaint du manque d'écoute de ses parents ?

L'écrivain François de La Rochefoucauld affirmait ainsi il y a trois cent cinquante ans : « <u>Il faut écouter ceux qui parlent si on veut être écouté.</u> » Il soulignait un point important : savez-vous écouter vos enfants ?

Les écouter le dos tourné en épluchant des légumes ou en répondant à vos mails n'est peut-être pas l'écoute véritable dont il a besoin. L'enfant le sent, l'enfant le sait.

La véritable écoute, la véritable présence, non seulement rassurera votre enfant mais vous fera du bien (l'écoute en pleine conscience).

Asseyez-vous à son niveau, regardez-le, ne répondez pas au téléphone ni aux sollicitations extérieures, ne lui donnez pas de conseils, ne cherchez pas à résoudre : écoutez tout simplement. C'est largement suffisant.

Donnez-vous du temps

RÈGLE 29

« Deviens ce que tu es », disait le philosophe Friedrich Nietzsche.

Il faut, en effet, toute une vie pour devenir ce que nous sommes. Alors ne paniquez pas si votre enfant ne maîtrise pas l'art de la politesse à 8 ans, ou si vous gérez mal vos émotions à 40. Apprendre prend du temps. Il nous a fallu trébucher de nombreuses fois avant de savoir marcher. Il en va de même pour l'autonomie, la responsabilité, etc.

Les dernières recherches en neurosciences montrent que **n'importe quel être humain est « techniquement » capable de tout apprendre**. Quel que soit son niveau de départ, si votre enfant s'entraîne quotidiennement, son cerveau développera les connexions nécessaires. Il arrivera FORCÉMENT à acquérir la compétence manquante, qu'il s'agisse de mathématiques ou de respect mutuel.

Alors donnez-vous et donnez-leur du temps !

RÈGLE 30

Apprenez-leur à dire pardon

« Le premier à reconnaître une erreur
est le plus courageux, le premier à pardonner
le plus fort et le premier à oublier le plus heureux »,
Proverbe populaire bengali.

Pouvoir reconnaître vos propres erreurs et vous en excuser est fondamental si vous souhaitez que vos enfants soient capables de reconnaître les leurs et de demander pardon. Ils apprendront ainsi une façon respectueuse et constructive de résoudre des conflits.

Le parent redoute souvent de perdre le respect de l'enfant s'il lui demande pardon. Or, c'est bien le contraire qui se passe. À condition de ne pas en faire trop.

Quand votre enfant s'excuse, ne recevez pas son pardon comme un « dû ». Soulignez le courage et l'honnêteté dont il a fait preuve en s'excusant.

Sachez poser un cadre

Par peur des réactions de nos enfants, d'une mauvaise interprétation de ce qu'est l'éducation positive, mettre des limites n'est pas toujours évident.

Établir un cadre est essentiel pour l'épanouissement de votre enfant comme pour le vôtre. Vous vous sentirez moins débordé, moins envahi, moins épuisé.

Comme dit Marie, adepte de l'éducation positive et maman de trois enfants de 13, 11 et 8 ans :
- **Tout n'est pas négociable.**
- Ce qui est négociable ne l'est pas en permanence. Une fois que les règles sont établies en concertation, elles sont appliquées jusqu'à la prochaine « assemblée familiale ».
- Marie constate que le cadre est d'autant plus respecté par ses enfants qu'elle le respecte elle-même.
- Elle s'assure toujours que ses grands ont bien compris la « règle » en leur demandant de la reformuler.

RÈGLE 32

Rendez-les responsables et autonomes

Chaque occasion du quotidien est une opportunité d'entraîner votre enfant à devenir un adulte autonome et responsable.

Posez-lui des questions et offrez-lui des choix. La question sollicite le cortex préfrontal. Elle muscle, jour après jour, cette zone du cerveau nécessaire à une prise de décision responsable et autonome.

Attention, une avalanche de questions peut être vécue comme une agression. Choisissez le bon moment et sachez distiller vos questions : vous connaissez votre enfant mieux que personne.

DÉVELOPPEZ LA CAPACITÉ DE VOTRE ENFANT À S'AUTOÉVALUER

Face à un dessin, une bêtise, un bulletin, demandez-lui d'abord ce qu'il en pense avant de donner votre avis. Cela aiguisera son estime de soi, son jugement, son sens critique.

Face à une question comme la fabrication des bébés, par exemple, lui demander ce qu'il en pense vous laissera aussi le temps de réfléchir à la réponse la plus adaptée et d'ajuster votre discours au niveau de maturité de l'enfant. **Il est également important, pour développer leur autonomie, que les enfants sachent trouver à l'extérieur de la famille les réponses à leurs questions :** proposez-leur, face à une interrogation technique, d'aller solliciter votre voisin ingénieur, de faire une recherche sur le Net, ou de participer à un atelier scientifique dans votre ville.

ATTENTION :

Vous ne pouvez pas enfermer vos enfants dans une cage de verre sans risquer qu'ils perdent confiance en eux. Rudolph Dreikurs, psychiatre et éducateur, disait qu'il valait mieux « des bleus au corps (qui se guérissent) que des bleus à l'âme qui se soignent moins facilement ».

Qu'importent les risques que nos enfants courent (dans la mesure du raisonnable), laissez-les gambader, grimper, expérimenter, oser...

RÈGLE 33

Distinguez « caprices » et besoins

L'emploi du mot « caprice » indique souvent l'impuissance des adultes à comprendre ce que vit leur enfant.

Lori, américaine et fan d'éducation positive depuis trente ans, se demande face aux « caprices » de chacun de ses petits enfants, quel que soit leur âge :
- **A-t-il sommeil** ou faim ?
- **A-t-il besoin d'être encouragé** par un câlin, un mot doux ou un geste tendre ?
- **Sa capacité à gérer ses émotions est-elle suffisamment développée**, mobilisée ? Ou doit-elle lui apprendre une astuce pour mieux gérer ses émotions ?
- Et surtout, cette fan de littérature européenne n'oublie jamais la citation de Goethe : **« Si vous traitez un individu tel qu'il est, il restera le même. Si vous le traitez comme il pourrait être, il deviendra la personne qu'il pourrait être. »**

Soyez disponible

RÈGLE 34

Un enfant a besoin de sentir qu'il est important.

La qualité du temps passé avec votre enfant compte, bien entendu. Néanmoins, cinq minutes de qualité par semaine ne seront jamais suffisantes. Votre enfant saura bien vous le faire sentir.

N'avez-vous pas remarqué qu'en général les jours où vous êtes pressé, stressé, peu disponible, les colères et les incidents se multiplient ? Une façon pour votre enfant, souvent inconsciente, d'obtenir l'attention qu'il recherche. Quand il ne la trouve pas dans votre présence, il va parfois la chercher par tous les moyens même si le prix à payer est votre colère.

Anticipez en lui accordant le temps nécessaire. Si vous n'en avez pas du tout, dites-lui sincèrement : « Je ne suis pas disponible cette semaine et je vois que toi tu as envie de me voir davantage, quelles solutions peut-on trouver ? » Essayez, vous serez surpris du résultat.

RÈGLE 35

Donnez-leur du « pouvoir personnel »

Si vous souhaitez que votre enfant soit très motivé, il faut lui laisser de l'autonomie dans ce qu'il entreprend.

Les études montrent que cette dernière est un des trois piliers essentiels à toute motivation forte. Supprimer tout « pouvoir personnel » de votre enfant revient à saper sa motivation.

COMMENT S'Y PRENDRE ?

- **Ne l'abreuvez pas de conseils avant une compétition ou un contrôle.** Encouragez-le tout en le laissant libre d'expérimenter la stratégie qu'il désire.
- **Si vous avez peur de vous laisser déborder**, posez-lui des questions fermées : « Veux-tu faire tes devoirs maintenant ou à 18 heures ? » Vous ne lui laissez pas la possibilité de ne pas ouvrir ses cahiers. Le cadre est posé et, en même temps, vous lui offrez un espace de pouvoir personnel.

Soyez heureux

RÈGLE 36

Nous savons aujourd'hui, grâce à l'avancée des recherches en psychologie positive, que le fait d'être heureux rend plus performant et efficace au travail comme à la maison.

Or être heureux dépend à 20 % des évènements extérieurs et à 80 % de la façon dont votre cerveau les traite. Donc, OUI, vous avez le choix d'être heureux.

COMMENT ?

- **Débarrassez-vous donc de vos relations toxiques.** Plus vous serez heureux, plus vous attirerez des gens heureux qui à leur tour vous boosteront.
- **Cultivez l'optimisme :** « Choisir de voir le verre à moitié plein plutôt qu'à moitié vide » s'apprend, c'est une question d'entraînement.
- **Efforcez-vous de sourire :** ce simple geste génère des décharges d'« hormones du bonheur » et, par ricochet, fait des merveilles sur vos enfants.

Ne le jugez pas

L'enfant, quand il se sent jugé, met toute son énergie à se défendre, à attaquer, au lieu de chercher une solution.

LE JUGEMENT CASSE LA MOTIVATION

La communication non violente (CNV) nous propose pour augmenter nos chances de voir notre enfant coopérer et ranger sa chambre, par exemple, de troquer la phrase « Comment peux-tu vivre dans un foutoir pareil ? » par « Je me sens agressée quand il y a des habits par terre, peux-tu les ramasser, s'il te plaît ? ».

Certes, c'est plus long mais tellement plus efficace, plus respectueux de lui comme de nous-mêmes (nos besoins sont exprimés et ont plus de chance d'être pris en compte).

Promis, les résultats sont souvent au rendez-vous et à défaut vous gagnerez en sérénité.

LE JUGEMENT ENFERME L'ENFANT

- Essayez de ne pas confondre votre enfant avec ce qu'il fait.

- **Dites « Tes paroles sont blessantes », ne dites pas « Tu es méchant ».** Cette subtile différence dans l'emploi des mots n'enferme pas votre enfant dans une case.
- S'il pense qu'il EST méchant, il sera convaincu que sa nature même (être méchant) le condamne à l'échec. Cela le décourage de faire la moindre tentative pour agir autrement.

LE JUGEMENT NOUS ENFERME

Le jugement nous empêche d'entrevoir de nouvelles solutions. Souvent, nous sommes persuadés que notre façon de voir et de penser est LA bonne, nous privant ainsi de précieuses options.

Prendre en compte le point de vue de l'enfant, sa singularité, et lui demander ce qui l'aiderait face à une difficulté, **lui** permettront d'avancer bien plus efficacement.

Aidons nos enfants à découvrir ce qui est juste pour eux, à devenir ce qu'ils sont vraiment et non pas ce que nous aimerions qu'ils soient.

RÈGLE 38

Communiquez plus efficacement

Dans la communication avec notre enfant, le non-verbal tient une place prédominante. Ne l'oubliez jamais.

QUELQUES IDÉES POUR COMMUNIQUER PLUS EFFICACEMENT

- **Choisissez le moment opportun pour vous.** Un moment où votre langage corporel ne trahira pas votre colère ou votre anxiété… Bref, plus vous êtes serein et plus vous communiquerez facilement.
- **N'ayez pas peur d'être authentique.** Ne vous forcez pas à prendre une voix enjouée quand vous êtes triste. L'enfant, grâce à ses neurones miroirs, capte la moindre incohérence qui crée de la confusion et nuit à la communication.
- **Ne négligez pas les préliminaires :** établir un contact visuel ou demander à l'enfant si c'est le bon moment pour parler augmentera (si sa réponse est positive) son écoute. S'il refuse, convenez avec lui d'un autre

moment. Cela évitera bien des énervements inutiles.
Adoptez le bon ton. Chaque fois que vous vous surprenez à élever la voix, mettez-vous à chuchoter.
• **Quand vous posez une question, si l'enfant ne répond pas, ne redoutez pas le silence.** On oublie souvent que c'est un allié efficace, à condition que votre langage corporel soit respectueux (sourire sur vos lèvres, regard bienveillant...). Laissez le silence s'installer sans enchaîner sur la réponse ou sur la question suivante. Vous obtiendrez souvent plus de résultats qu'en pressant votre enfant de questions.

• **Et rappelez-vous qu'un brin d'humour permet de débloquer de nombreuses situations.**

NOTRE CONSEIL

La prochaine fois que vous êtes sur le point de vous lancer dans un monologue explicatif ou critique, tentez un *hug* (prendre longuement son enfant dans les bras) ou un « je t'aime ». Vous serez surpris.

RÈGLE 39

Changez d'air

Avoir conscience de ses limites et savoir passer la main sont les plus belles qualités qu'un parent puisse avoir.

• **Une à deux heures.** Il est samedi 18 heures, vos limites sont largement dépassées. Si vous le pouvez, allez courir, nager ou tout simplement marcher… Ne culpabilisez pas.

Vous serez au retour un parent plus efficace et bienveillant. Vous serez gagnant (détendu et apaisé) et vos enfants aussi.

Une soirée. Une fois par semaine, un dîner avec un être cher, un foot avec des copains vous feront le plus grand bien et boosteront votre taux de dopamine, sérotonine, ocytocine…

Bref, toutes ces hormones qui font de nous un parent plus performant, positif et aidant.

• **Quelques jours.** Partez régulièrement en week-end ou en vacances en amoureux.

Encouragez, encouragez, encouragez…

RÈGLE 40

Pourquoi l'éducation positive préconise-t-elle l'encouragement plutôt que le compliment pour accompagner nos enfants dans leurs apprentissages ?

Carol Dweck, chercheuse à Stanford, montre que le compliment génère la jalousie et est moins efficace que l'encouragement pour faire progresser l'enfant. **Préférez « Tes efforts en maths ont payé » à « Tu es très doué en maths ».** L'important est de valoriser les progrès, la prise de risque, la persévérance, etc.

Martin Seligman, chercheur en psychologie positive, a montré qu'une motivation interne est bien plus puissante qu'une motivation externe. Or, le compliment développe chez nos enfants une motivation externe alors que l'encouragement développe une motivation interne.

En bref, encouragez-les.

RÈGLE 41

Lâchez prise !

Quand vous (ou votre enfant) êtes trop fatigué,
quand vous (ou votre enfant) êtes énervé,
quand vous lui avez déjà trop demandé :
il vaut mieux lâcher prise.

Ce n'est pas le bon moment pour discuter. Votre enfant n'apprendra rien du bras de fer qui pourrait s'engager. Voici trois conseils.

1. DÉDRAMATISEZ. Beaucoup de comportements inappropriés sont liés à l'âge et passent d'eux-mêmes. Votre petit de 5 ans se glisse la nuit dans votre lit ? Votre fille de 3 ans veut faire les courses déguisée en princesse ? Et alors ? Vous connaissez beaucoup d'adolescents qui dorment avec leurs parents ou sortent en reine des neiges au supermarché ?

2. OUBLIEZ LA PERFECTION. Rome ne s'est pas fait en un jour. Votre enfant ne

[70]

sera pas le roi du rangement en une matinée. En revanche, si vous savez l'encourager à chaque étape, il progressera. Votre fils a mis au sale ses affaires de foot pour la première fois ? Remarquez cet effort (cette étape) et surtout abstenez-vous de pointer son sac vide qui traîne encore dans l'entrée, même si, on le reconnaît, c'est très tentant.

3. ENVISAGEZ D'AVOIR TORT. Le simple fait de reconnaître que l'idée de votre enfant a de la valeur suffit souvent à faire évoluer son comportement. Face à une de ses suggestions (faire un gâteau, inviter un copain...), entraînez-vous à répondre immédiatement : « Bonne idée ! » Vous verrez, ces deux petits mots peuvent tout changer !

En bref, choisissez d'être heureux plutôt que d'avoir raison sur tout.

CHOISISSEZ VOTRE COMBAT !

Notez sur une feuille cinq choses que vous voudriez voir évoluer chez votre enfant. Choisissez-en une, rayez les quatre autres. D'ici aux prochaines vacances, focalisez vos actions sur votre choix. Par exemple : arriver à l'heure à l'école le matin.

RÈGLE 42

Prenez le temps des apprentissages

Un apprentissage durable se divise généralement en quatre temps nous dit Jane Nelsen, psychologue américaine de renom.

1. L'observation : votre enfant vous regarde faire.
2. L'entraînement, phase I : il fait avec vous.
3. L'entraînement, phase II : il fait SEUL sous votre supervision.
4. L'autonomie : il fait TOUT SEUL.

Un enfant qui refuse d'obtempérer (ou qui est en échec) peut être un enfant dont certaines étapes de l'apprentissage ont été négligées.

Lilou, 6 ans, pique systématiquement une colère au moment du bain. Sa maman s'aperçoit qu'elle est passée directement de l'étape 1 « Je donne la douche à ma fille » à l'étape 4 « Je la laisse faire et je prépare le dîner pendant ce temps ». Elle prend alors le temps de l'accompagner dans les deux étapes intermédiaires : quinze jours plus tard, Lilou est autonome et heureuse sous sa douche.

Soyez créatif !

RÈGLE 43

L'imagination, ça fait du bien !
Déclinez-la sous toutes ses formes.

- **Étonnez votre enfant.** Improvisez une chasse au trésor dans un musée, cachez des mots doux sous son oreiller…
- **Encouragez l'expression de leur créativité :** rédigez un blog familial, tenez un journal de bord à plusieurs mains, faites des dessins collectifs.
- **Inventez vos propres traditions familiales :** par exemple, mettre toujours une fève dans le riz au lait. Les enfants adorent le côté festif (et transgressif !). Autre exemple : marquer le passage des saisons par un repas de couleurs : celui du 21 décembre est un repas blanc (salade de céleri, purée, fromage blanc et glace à la vanille), celui du 21 mars, lui, est un repas rose (radis, steak saignant et betterave puis fraises à volonté), etc.

[73]

RÈGLE 44

Vive la générosité

La générosité, cela s'apprend. Quelques idées.

- **Partagez vos moments de joie.** Lucie, maman de deux filles, les envoie offrir une part de leur gâteau d'anniversaire aux voisins : une façon de partager le chocolat comme la convivialité.
- **Soyez un modèle de générosité :** prêtez, par exemple, votre voiture neuve à laquelle vous tenez tant à une amie qui en a besoin.
- **Donnez de votre temps.** Pourquoi ne pas participer aux actions de nettoyage des rivières ou d'un bout de forêt de votre département ? Les plus sportifs pourront courir en famille au profit d'une association.

- **Soyez également généreux dans vos idées.** Einstein disait : « N'essayez pas de devenir un homme qui a du succès. Essayez de devenir un homme qui a de la valeur. » La tolérance, l'acceptation de l'autre sont aussi des formes de générosité.

[74]

Faites-leur et faites-vous confiance

RÈGLE 45

Faites confiance à votre enfant comme à vous-même pour acquérir une nouvelle compétence (même si elle est totalement inexistante).

Tout est une question d'entraînement. La plasticité de nos cerveaux permet d'apprendre quel que soit l'âge. Les trois premières années de la vie et la période de l'adolescence sont les moments les plus propices pour modifier les circuits neuronaux.
- Encouragez votre enfant à expérimenter ses propres solutions.
- Discutez des succès et des échecs de ses essais sans jugement mais avec curiosité.
- Oubliez les longs discours moralisateurs. Il n'y a que vous qui les entendez.

Dites-lui plus souvent : « Je te fais confiance pour apprendre de tes erreurs. »

Et surtout n'oubliez jamais : il n'y a pas de meilleur parent pour votre enfant que VOUS.

RÈGLE 46

Méfiez-vous des écrans

Certes, les écrans ont des atouts. Nos enfants apprennent à faire plusieurs choses à la fois, à coopérer entre joueurs...

Néanmoins... C'est aux dépens de leur capacité à prendre du recul (essentielle de nos jours), à s'autoréguler (gérer leur colère, leur excitation, etc.).

N'oubliez pas que vos enfants passent en moyenne huit cent cinquante heures à l'école par an contre mille huit cents heures sur les écrans (portable inclus). Soyez donc vigilant quant à leur influence.

Beaucoup de jeux comportent des éléments misogynes, violents, racistes, qui ne correspondent peut-être pas à vos valeurs. Les entreprises dépensent des millions pour faire apparaître leur produit, par exemple, dans le dernier

[76]

James Bond car ils connaissent le pouvoir des images. Ne faites pas, du coup, l'erreur de sous-estimer l'influence des jeux vidéo et des écrans sous prétexte que ce sont des divertissements.

DES MÉFAITS DES ÉCRANS

Pour devenir des adultes autonomes et épanouis, vos enfants vont devoir apprendre à s'affranchir du regard de l'autre. **Or, la pratique des réseaux sociaux dont ils sont si friands leur apprend, jour après jour, qu'une chose ne vaut la peine que si elle est « likée » par d'autres, indépendamment de ce qu'ils en pensent, eux.**

Sachez que les tablettes diffusent une lumière bleutée qui bloque la sécrétion de l'hormone du sommeil.

Nos adolescents dorment en moyenne deux heures de moins qu'il y a trente ans car les écrans ont envahi leur vie. Pourtant, leurs besoins physiologiques n'ont pas changé. Le bon développement de leur cerveau nécessite toujours autant de sommeil.

Quant aux tout-petits, de nombreuses études déconseillent l'usage des écrans avant 3 ans : les inconvénients étant de loin supérieurs aux avantages. **Donc, des écrans : OUI, trop : NON.**

RÈGLE 47

Crises et « caprices » : des occasions de progresser

Ne prenez pas ses « caprices » comme un échec personnel. Votre éducation n'est pas remise en cause si votre enfant se roule par terre à la caisse du supermarché.

Accepter qu'il n'y a pas d'enfance sans crises et colères vous aidera à mieux les vivre. Voici quelques conseils pour mieux y répondre.

1. CHANGER DE PERSPECTIVE

Pensez « Quelles sont les solutions ? » plutôt que « J'ai un problème ».

2. DONNER DES OUTILS CONCRETS À VOS ENFANTS

Ils pourront ainsi agir différemment la fois suivante. Ainsi, Arup remarque que son fils, Oscar, s'énerve

chaque fois qu'un de ses copains a une parole blessante. Il lui enseigne alors une stratégie pour réagir autrement (mise au point par le département de l'intelligence émotionnelle de l'université de Yale).
• Étape 1 : prendre une large inspiration.
• Étape 2 : sourire et penser à un succès.
• Étape 3 : dire « C'est ton avis, merci de me l'avoir donné ».

Oscar a eu besoin de quelques semaines pour y arriver. Le jeu en valait la chandelle.

3. MUSCLER LE CERVEAU

Pour faire simple : un enfant doit posséder de nombreuses connexions entre son hémisphère gauche et son hémisphère droit pour être capable de gérer efficacement une grosse crise.
• **Aidez vos enfants à renforcer leurs connexions** grâce à des exercices de type *cross crawl* (vous en trouverez sur www.braingym.com).
• **Apprenez-leur à s'autoréguler.** Pourquoi ne pas essayer la méthode Vittoz qui enseigne aux enfants à se centrer sur ce qu'ils entendent ou ressentent afin de mieux s'apaiser ?

4. ET ENFIN, N'OUBLIEZ PAS DE SOULIGNER L'EFFORT.

RÈGLE 48

Développez la coopération

La coopération ne signifie pas aider l'autre à tout prix, tout accepter, être gentil…

La coopération doit permettre l'épanouissement de tous les partenaires : les parents (avec leurs besoins d'adultes) comme les enfants (avec leurs propres besoins).

LES PRÉALABLES À LA COOPÉRATION

- Chacun doit considérer l'autre comme un partenaire valable qui a un rôle à jouer.
- Les points de vue, aussi éloignés soient-ils, doivent être reçus avec bienveillance.

LES ÉTAPES

- **Identifiez clairement vos besoins :** « Tout au fond de moi, de quoi ai-je réellement besoin ? »
- **Écoutez votre enfant** et découvrez ce dont il a véritablement besoin (qui peut être éloigné de vos propres désirs comme de votre mode de fonctionnement).

• **Et enfin, recherchez ensemble une solution qui permette de satisfaire VOTRE besoin ET SON besoin**. C'est la condition pour que la coopération fonctionne à long terme. Pour Alfred Adler, psychiatre avant-gardiste sur lequel s'appuie l'approche de la discipline positive, « apprendre la coopération, c'est tout simplement apprendre à vivre en groupe et à avoir toutes les compétences sociales pour vivre ensemble de la façon la plus harmonieuse possible ».

NOTRE CONSEIL

N'oubliez pas qu'il n'y a pas toujours d'obligation de résultat. Il s'agit simplement d'ESSAYER, jour après jour, d'avancer dans la bonne direction.

En développant la coopération, nous renforçons durablement la qualité des relations dans la fratrie comme dans la famille. Nous apprenons à nos enfants à construire une société démocratique respectueuse.

RÈGLE 49

Faites-lui sentir qu'il n'est pas seul au monde

Il fait partie d'une famille, d'un groupe.

Dans notre société, adolescents et parents considèrent souvent que se divertir, s'amuser, se fait chacun de son côté. Or, créer des moments de détente partagés est important pour que l'enfant se sente appartenir à la famille. Ces temps doivent être des moments de plaisir pour les enfants ET pour les adultes.

Chez Sofia et Ethan, le vendredi, c'est pizza-télé : une semaine, ce sont les parents qui choisissent leur film préféré, en revanche, la semaine suivante, ce sont les enfants qui décident.

LA FAMILLE, CE SONT AUSSI LES ANCÊTRES

Se sentir appartenir à une grande lignée est rassurant et passionnant pour un petit. Vous pouvez construire avec lui son arbre généalogique, même s'il est compliqué. Ou plus simplement, vous pouvez lui raconter des histoires familiales : comment son arrière-grand-mère se déplaçait en traîneau à Noël dans le Doubs, par exemple…

IL FAIT PARTIE D'UN GROUPE QUI COMPTE SUR LUI

Aidez-le à rejoindre un groupe : équipe de foot, chorale… L'important est qu'il apprenne à remplacer son éternel « Ça sert à quoi ? Qu'est-ce que j'y gagne ? » par « Que puis-je faire pour aider les autres ? Comment puis-je participer au succès collectif ? ».

IL FAIT PARTIE D'UN ÉCOSYSTÈME

Faites-lui sentir qu'il appartient aussi à quelque chose d'encore plus grand : la Terre et l'univers, et qu'il a un rôle à y jouer.

1. Initiez-le à l'écologie :
- **Suivez un atelier sur le compost** organisé par votre mairie.
- Si vous voulez qu'il se mobilise un jour pour sauver un arbre dans sa rue, **commencez par lui apprendre les différentes espèces**. Il prendra conscience de leur rareté.

2. **Découvrez avec lui l'univers** et ses mystères en allant au planétarium.

RÈGLE 50

Soyez l'adulte que vous avez envie d'être

Mettre l'éducation positive au cœur de votre famille, c'est choisir de respecter votre enfant mais aussi de VOUS respecter, gage d'une efficacité à long terme de tous les outils entraperçus dans cet ouvrage.

Pour mettre réellement l'éducation positive au cœur de votre famille, vous devez comprendre et accepter que vous ne choisissez pas cette démarche pour obtenir l'obéissance de vos enfants.

Vous adoptez l'éducation positive pour être davantage le parent et l'adulte que vous avez envie d'être. Tant mieux si vous êtes plus efficace et que le climat familial s'en ressent…

Votre objectif est l'épanouissement de votre enfant. Votre mission est de l'AIMER, de l'encourager et de l'aider à développer les compétences de vie essentielles : persévérance, capacité à coopérer, confiance en soi, autonomie, enthousiasme, sens des responsabilités...

IL Y A DEUX CHOSES À DONNER À VOS ENFANTS : DES RACINES ET DES AILES

Quand vous cherchez à contrôler la façon dont votre enfant agit, dont il pense, vous n'êtes plus dans une démarche d'éducation positive mais dans une démarche de contrôle.

Cette dernière nie la liberté de pensée et, du coup, la responsabilité de vos enfants. Elle est donc contre-productive en entravant l'acquisition de l'intelligence émotionnelle (autorégulation, empathie...).

Vous l'avez sans doute compris depuis longtemps, les valeurs, les outils, la démarche de l'éducation positive dépassent largement le cadre familial. Ils peuvent s'appliquer à l'ensemble des rapports humains, familiaux, amicaux comme professionnels.

Pour ceux qui aiment avancer seuls

Et si vous continuiez à avancer sur le chemin de l'éducation positive ?
À votre rythme, jour après jour...

• **Choisissez UN ouvrage** de la bibliographie (voir plus loin). Lisez-le jusqu'au bout.

• **Suivez, chaque jour, une courte conférence en ligne** sur l'éducation : www.ted.com (elles sont pratiquement toutes sous-titrées).

• **Et pourquoi ne pas vous lancer dans l'apprentissage à distance sur Internet** grâce aux fameux MOOC ? Par exemple, sur www.coursera.com (le site lancé entre autres par l'université de Stanford), vous trouverez un cours facile d'accès sur « Apprendre à apprendre », ou encore un cours plus pointu, *Understanding the brain : the neurobiology of everyday life* par Peggy Mason de l'université de

Chicago (Comprendre le cerveau : la neurobiologie de la vie quotidienne »).
Choisissez le thème qui vous plaira et lancez-vous.

• **Plus ludique, visitez avec vos enfants l'exposition permanente de la Cité des Sciences et de l'Industrie à Paris :** C3RV34U, l'expo neuroludique pour mieux comprendre les ressources insoupçonnées de leur cerveau et du vôtre (www.site-sciences.fr).

• **Entraînez-vous à méditer et à pratiquer la pleine conscience** en suivant la voix si apaisante de Christophe André (*Méditer jour après jour : 25 leçons pour vivre en pleine conscience* – un CD + MP3).

Pour ceux qui aiment avancer en groupe

Après s'être intéressés à plusieurs approches, nous nous sommes formés à la discipline positive que nous recommandons chaleureusement. Les ateliers de parents proposés par cette association (www.disciplinepositive.fr) sont concrets et interactifs. Ils permettent d'allier la découverte de nombreux outils éducatifs et de mieux comprendre comment être bienveillant ET ferme en même temps.

Il existe d'autres approches en éducation positive qui tendent toutes vers le même but, le développement de l'enfant. Choisissez celle qui vous convient. **L'important est d'être en chemin.**

N'hésitez pas à partager avec nous découvertes et progrès : benedicteetsolenne@gmail.com

Bonne route ! Et à bientôt peut-être sur le chemin de l'éducation positive.

BIBLIOGRAPHIE POUR VOUS LANCER

Nous remercions tous les auteurs et scientifiques qui ont alimenté notre réflexion. Cet ouvrage est la synthèse de leurs pensées, publications, découvertes.

- **Dreikurs Rudolf**, *le Défi de l'enfant*, Robert Laffont, 1972.
- **Faber Adele** et **Mazlish Elaine**, *Parler pour que les enfants écoutent, écouter pour que les enfants parlent*, éditions du Phare, 2012.
- **Favre Daniel**, *Transformer la violence de l'élève : cerveau, motivation, apprentissage*, Dunod, 2006.
- **Filliozat Isabelle**, *Au cœur des émotions de l'enfant*, Marabout « Poche », 2013.
- **Goleman Daniel**, *l'Intelligence émotionnelle, comment transformer ses émotions en intelligence*, Robert Laffont, 1997.
- **Gueguen Catherine**, *Pour une enfance heureuse*, Pocket « Poche », 2015.
- **Gordon Thomas**, *Éduquer sans punir*, Marabout « Poche », 2013.
- **Kohn Alfie**, *Aimer nos enfants inconditionnellement*, Éditions l'Instant présent.
- **Lenoir Frédéric**, *la Puissance de la joie*, Fayard, 2015.
- **Marshall Rosenberg**, *les Mots sont des fenêtres*

(ou bien ce sont des murs): Introduction à la communication non violente, 2004.
- **Nelsen Jane**, *la Discipline positive*, Marabout, « Poche », 2012 ; **Nelsen Jane et Lott Lynn**, *la Discipline positive pour les adolescents*, Éditions du Toucan, 2014.
- **Seligman Martin**, *Vivre la psychologie positive*, « Poche », Pocket, 2013.
- **Siegel Daniel**, *le Cerveau de votre enfant*, Les Arènes, 2015.
- **Tough Paul**, *Comment les enfants réussissent. Persévérance, curiosité et autres pouvoirs cachés de la personnalité*, Marabout, 2014.

Biographies

• Psychologue clinicienne, **Bénédicte Péribère** a travaillé jusqu'en juin 2015 dans un service de pédopsychiatrie d'un hôpital niçois. Un vécu au quotidien avec des enfants parfois en difficulté (troubles du comportement et de la personnalité, harcèlement, hyperactivité...) l'a amenée à découvrir la nécessité d'un travail de prévention en milieu familial et scolaire. Aujourd'hui, elle forme à la discipline positive personnel éducatif, parents, enseignants en France et à l'étranger.

• Spécialiste des pédagogies innovantes, **Solenne Roland-Riché** est fondatrice d'une association dont l'objectif est de créer des jeux et des programmes pédagogiques pour faire grandir les compétences sociales et académiques chez les enfants et les adolescents.
Formée auprès de l'Association américaine et française de discipline positive, fondée par Jane Nelsen, elle anime des séminaires auprès de nombreux parents, enseignants, médiateurs et éducateurs en France et à l'étranger.